团 体 标 准

港珠澳大桥施工技术指南
第六分册:钢混组合箱梁制造及安装

Technical Guideline for Construction of Hong Kong-Zhuhai-Macao Bridge
Division Ⅵ: Manufacturing and Installation of Steel-Concrete
Composite Box Girder

T/CHTS 10017—2019

主编单位:港珠澳大桥管理局
　　　　　中铁大桥局集团有限公司
发布单位:中国公路学会
实施日期:2019 年 10 月 31 日

人民交通出版社股份有限公司
China Communications Press Co.,Ltd.

图书在版编目(CIP)数据

港珠澳大桥施工技术指南. 第六分册,钢混组合箱梁制造及安装 : T/CHTS 10017—2019 / 港珠澳大桥管理局,中铁大桥局集团有限公司主编. — 北京:人民交通出版社股份有限公司,2019.11
 ISBN 978-7-114-15926-8

Ⅰ. ①港… Ⅱ. ①港… ②中… Ⅲ. ①跨海峡桥—桥梁工程—工程技术—中国—指南②钢箱梁—混合梁—箱梁桥—制造—指南③钢箱梁—混合梁—箱梁桥—安装—指南 Ⅳ. ①U448.19-62②U448.21-62

中国版本图书馆 CIP 数据核字(2019)第 234857 号

标准类型: 团体标准

Gang-Zhu-Ao Daqiao Shigong Jishu Zhinan　Di-Liu Fence:Gang-Hun Zuhe Xiangliang Zhizao ji Anzhuang

标准名称:	港珠澳大桥施工技术指南　第六分册:钢混组合箱梁制造及安装
标准编号:	T/CHTS 10017—2019
主编单位:	港珠澳大桥管理局　中铁大桥局集团有限公司
责任编辑:	韩亚楠
责任校对:	孙国靖　魏佳宁
责任印制:	张　凯
出版发行:	人民交通出版社股份有限公司
地　　址:	(100011)北京市朝阳区安定门外外馆斜街 3 号
网　　址:	http://www.ccpress.com.cn
销售电话:	(010)59757973
总 经 销:	人民交通出版社股份有限公司发行部
经　　销:	各地新华书店
印　　刷:	北京市密东印刷有限公司
开　　本:	880×1230　1/16
印　　张:	2.25
字　　数:	52 千
版　　次:	2019 年 11 月　第 1 版
印　　次:	2019 年 11 月　第 1 次印刷
书　　号:	ISBN 978-7-114-15926-8
定　　价:	220.00 元

(有印刷、装订质量问题的图书由本公司负责调换)

中国公路学会文件

公学字〔2019〕130号

中国公路学会关于发布《港珠澳大桥施工技术指南 第六分册：钢混组合箱梁制造及安装》的公告

现发布中国公路学会标准《港珠澳大桥施工技术指南 第六分册：钢混组合箱梁制造及安装》(T/CHTS 10017—2019)，自2019年10月31日起实施。

《港珠澳大桥施工技术指南 第六分册：钢混组合箱梁制造及安装》(T/CHTS 10017—2019)的版权和解释权归中国公路学会所有，并委托主编单位港珠澳大桥管理局、中铁大桥局集团有限公司负责日常解释和管理工作。

中国公路学会

2019年10月28日

T/CHTS 10017—2019

前　言

本指南是在总结港珠澳大桥钢混组合箱梁研究成果、施工经验基础上编制而成。

本指南按照《中国公路学会标准编写规则》(T/CHTS 10001)编制,共分为10章,主要内容包括总则、术语和符号、施工准备、材料及试验、桥面板预制、开口钢箱梁制造、组合梁组合、组合梁运输及安装、组合梁体系转换及组合梁施工监控。

本指南实施过程中,请将发现的问题和对指南的意见、建议反馈至港珠澳大桥管理局(地址:广东省珠海市横龙路368号;邮编:519000;联系电话:0756-2191876;电子邮箱:lhy@hzmbo.com),供修订时参考。

本指南由港珠澳大桥管理局和中铁大桥局集团有限公司提出,受中国公路学会委托,由港珠澳大桥管理局和中铁大桥局集团有限公司负责具体解释工作。

主编单位:港珠澳大桥管理局、中铁大桥局集团有限公司

参编单位:中铁宝桥集团有限公司

主要起草人:余烈、陶建山、康平、朱翼翔、谭国顺、万成钢、鲁华英、杨海鹏、李军平、吴泽生、刘雷、徐振山、田睿、刘殿元、邓振伟、黄磊、万代勇、孟海洋、朱定、陈山亭

主要审查人:李彦武、周海涛、侯金龙、钟建驰、薛光雄、刘士林、杨耀铨、王春生、赵君黎、刘元泉、鲍卫刚、秦大航

目　次

1 总则 ·· 1
2 术语和符号 ··· 2
　2.1 术语 ··· 2
　2.2 符号 ··· 3
3 施工准备 ··· 4
　3.1 施工准备 ·· 4
　3.2 场地要求 ·· 4
　3.3 施工测量 ·· 5
4 材料及试验 ··· 6
　4.1 一般规定 ·· 6
　4.2 桥面板材料 ·· 6
　4.3 开口钢箱梁制造材料 ·· 7
5 桥面板预制 ··· 9
　5.1 一般规定 ·· 9
　5.2 模板 ··· 9
　5.3 环氧涂层钢筋 ··· 9
　5.4 不锈钢材料 ·· 10
　5.5 预埋件 ··· 10
　5.6 混凝土拌制、浇筑及养护 ··· 10
　5.7 预应力 ··· 11
　5.8 吊装、场内运输及存放 ·· 11
　5.9 质量标准 ·· 11
6 开口钢箱梁制造 ··· 13
　6.1 一般规定 ·· 13
　6.2 制造质量控制与检验 ·· 13
　6.3 防腐涂装 ·· 16
7 组合梁组合 ··· 18
　7.1 一般规定 ·· 18
　7.2 组合梁组合施工 ··· 18
8 组合梁运输及安装 ··· 20
　8.1 组合梁运输 ·· 20
　8.2 组合梁安装 ·· 20
9 组合梁体系转换 ·· 22
　9.1 一般规定 ·· 22
　9.2 配切、焊接及涂装 ··· 22
　9.3 负弯矩区内力调整 ··· 22
10 组合梁施工监控 ·· 24

10.1	一般规定	24
10.2	控制计算	24
10.3	施工监测	24
10.4	数据分析与反馈控制	25
用词说明		27

港珠澳大桥施工技术指南
第六分册：钢混组合箱梁制造及安装

1 总则

1.0.1 为规范公路桥梁钢混组合箱梁的制造与安装，提高工艺水平，保障工程质量，制定本指南。

1.0.2 本指南适用于开口钢箱梁和预制混凝土板组合梁制造与安装。

1.0.3 钢混组合箱梁制造及安装应积极推进"新技术、新材料、新工艺、新设备"的应用和推广。

1.0.4 除应符合本指南的要求外，尚应符合有关法律、法规及国家、行业现行有关标准的规定。

2 术语和符号

2.1 术语

2.1.1 零件 element

组成板单元或钢梁节段的最小元件。开口钢箱梁节段的底板、顶板、腹板、隔板及锚箱传力板为主要零件；其余为次要零件。

2.1.2 板单元 plate element

组成开口钢箱梁节段的基本单元。开口钢箱梁包括底板单元、腹板单元、隔板单元、锚箱单元。

2.1.3 设计节段 design segment

设计图中划分的钢梁节段。

2.1.4 制造节段 manufacture segment

按照制造线形要求，将若干个设计节段组焊成的钢梁节段。

2.1.5 安装节段 installation segment

按照制造线形要求，将若干制造节段组焊成的可以吊装或安装的节段。

2.1.6 预拼装 pre-assembly

将若干节段模拟制造线形进行试拼装，以保证接口线形、组焊接口临时连接件匹配等，这个过程称为"预拼装"。

2.1.7 产品试板 trialplate

为确定焊接工艺技术参数达到质量要求并验证产品焊接接头质量而制作的焊接试板。

2.1.8 钢混组合箱梁 steel-concrete composite box girder

由开口钢箱梁和混凝土桥面板连成整体并在横截面内能够共同受力的梁。本指南中简称组合梁。

2.1.9 桥面板 bridge deck slab

钢混组合箱梁中开口钢箱梁上直接承受轮胎轮压的承重构件。在构造上它与主梁的梁肋和横隔板整体相连，既能将车辆荷载传给主梁，又是构成主梁截面的组成部分，并保证了主梁的整体作用。桥面板一般用钢筋混凝土制造，可施加横向预应力。

2.1.10 组合面Ⅰ combination surface Ⅰ

开口钢箱梁腹板处顶板与桥面板结合位置或横隔板（包括端横隔板及K型支撑横隔板）处顶板与桥面板结合位置。

2.1.11 组合面Ⅱ combination surface Ⅱ

开口钢箱梁剪力钉槽与桥面板结合位置。

2.1.12 预偏量 pre-camber

组合梁支座纵向中心线偏离理论位置的距离。

2.1.13 基准线 baseline

钢箱梁制造时用于控制尺寸精度的基准。

2.1.14 基准温度 standard reference temperature

国家钢尺检定标准温度。

2.2 符号

B、b——宽度；

t——厚度；

L——长度；

d——直径；

H、h——高度；

α、β——角度；

l、S、a——间距；

f——拱度、弯曲矢高；

K——焊脚尺寸；

Δ、δ——偏差、增量。

3 施工准备

3.1 施工准备

3.1.1 钢混组合箱梁制造及安装应遵循"大型化、工厂化、标准化、装配化"的原则，依据设计文件，进行施工环境调查，编制施工组织设计及安全专项方案。

3.1.2 钢混组合箱梁施工组织设计主要包括：

1 预制场地建设方案。
2 混凝土桥面板预制施工方案。
3 开口钢箱梁制作及涂装施工方案。
4 钢混组合箱梁场内组合及移运方案。
5 钢混组合箱梁场外运输及安装方案。
6 钢混组合箱梁制造、组合及安装施工监控方案等。

3.1.3 应建立健全质量保证体系。

3.1.4 应建立健全安全施工管理体系，制订技术和组织保证措施。

3.1.5 应制订环境保护的针对性保护措施，确保施工过程符合国家环境保护要求。

3.2 场地要求

3.2.1 桥面板预制场地应符合以下要求：

1 桥面板预制场地选址应满足预制、运输、存放（含龄期）等条件要求，并兼顾组合梁组合、运输等条件要求。
2 桥面板预制模板支架应设置在稳定的台座上，台座需进行基础处理。
3 桥面板预制场地应进行硬化处理，同时做好用水、用电、预埋及场地排水等。
4 桥面板吊装使用的吊具应进行专门设计，并进行试吊。
5 桥面板预制场地的布置应满足节能、减排、环保等要求。

3.2.2 开口钢箱梁制造场地应符合以下要求：

1 开口钢箱梁板单元制造应符合港珠澳大桥专用技术标准的相关要求。
2 开口钢箱梁节段制造及预拼装应在车间进行，其空间应满足梁段临时存放、倒运的要求。
3 应建立专用喷砂、涂装车间，开口钢箱梁涂装施工应整体在台座上进行。

3.2.3 钢混组合箱梁组合场地应符合以下要求：

1 应设置专用台座，台座应满足线形、受力及数量等要求。
2 应设置移动式棚罩。

3.3 施工测量

3.3.1 桥面板预制场、组合梁开口钢箱梁制造场地、钢混组合梁组合场地及现场架设区域应建立施工测量控制网，其控制点应设置在稳固的基础上。现场架设时，墩顶应设置加密平面控制点和高程控制点。

3.3.2 应严格控制桥面板预制台座轴线和高程。

3.3.3 应检查桥面板成品平面尺寸，标出相关轴线。

3.3.4 应对钢混组合箱梁的开口钢箱梁制造、组合、架设及体系转换过程进行监控，并按照监控指令设置预拱度。

3.3.5 钢混组合箱梁架设区域应建立沉降观测网并进行桥梁沉降观测。

4 材料及试验

4.1 一般规定

4.1.1 进场原材料应按照规定的抽检频次进行试验检测。

4.2 桥面板材料

4.2.1 桥面板环氧涂层钢筋及不锈钢材料应符合设计及下列要求：

1 用于桥面板的环氧涂层钢筋、环氧涂层钢筋绑丝及其检验应符合现行《海港工程混凝土结构防腐蚀技术规范》(JTJ 275)、《钢筋混凝土用环氧涂层钢筋》(GB/T 25826)及《环氧树脂涂层钢筋》(JG/T 502)的相关规定。

2 环氧涂层钢筋进场应检查生产厂家涂层材料的合格证和每批环氧涂层钢筋出厂时的检验报告。

3 环氧涂层钢筋成批验收，每批由同一生产线、同一生产工艺、同一公称直径、同一牌号的钢筋组成，每批质量不大于30t。

4 用于桥面板护栏底座的预埋不锈钢螺栓、给水管道预埋件不锈钢板及其力学性能、质量标准与检验方法应符合现行《不锈钢棒》(GB/T 1220)、《不锈钢和耐热钢牌号及化学成分》(JB/T 20878)、《不锈钢丝》(GB/T 4240)的相关规定。

5 不锈钢材料应按照不同钢种、等级、牌号、规格、生产厂家及用途分批验收，分别堆存，不得混杂，应设置标识。

6 用于桥面板护栏底座的镀锌钢板应符合现行《连续热镀锌薄钢板和钢带》(GB/T 2518)的相关规定。

4.2.2 预应力材料应符合现行《公路桥涵施工技术规范》(JTG/T F50)的相关规定。

4.2.3 桥面板混凝土应符合以下要求：

1 混凝土材料应符合现行《公路工程混凝土结构防腐蚀技术规范》(JTG/T B07-01)的相关规定。

2 桥面板混凝土应具有良好的和易性，宜采用细集料混凝土，其碎石粒径不宜大于20mm，坍落度控制在160～200mm。

3 混凝土原材料、配合比、施工工艺、施工控制措施及桥面板表面处理应满足海工混凝土耐久性施工要求。

4 特殊部位桥面板混凝土配制尚应满足以下要求：

1) 湿接缝混凝土应掺加膨胀剂及聚合物高强纤维，掺加数量应满足设计要求并由试验确定。

2) 负弯矩区混凝土应掺加增韧材料，掺加数量应满足设计要求并由试验确定。

3) 结合部剪力钉槽混凝土应掺加膨胀剂，掺加数量应满足设计要求并由试验确定。

4.2.4 混凝土外加剂应由试验确定，并应满足海工混凝土耐久性要求。

4.2.5 结合部材料包括密封橡胶条及中间填充料(建筑结构胶或环氧砂浆),应通过试验确定,并满足下列要求:

1 用于周边密封的橡胶条应满足表 4.2.5-1 的要求。

表 4.2.5-1 橡胶条力学性能指标

序号	检验项目		技术要求	检验方法
1	硬度(Shore A)		30±5	GB/T 531(ISO 8619)
2	拉断伸长率(%)		≥300	ISO 37
3	拉伸强度(MPa)		≥3	
4	无割口直角撕裂强度(kN/m)		≥20	ISO 34-1
5	脆性温度		≤-45	GB/T 1682
6	恒定压缩永久变形(%)(室温,24h)		≤40	GB/T 7759(ISO 815)
7	热空气老化 (70℃,168h)	硬度变化(Shore A)	-5~10	GB/T 3512(ISO 188)
		扯断伸长变化率(%)	≤25	
		拉伸强度变化率(%)	≤15	
8	耐臭氧老化(40℃,48h,拉伸 20%,200ppm)		无龟裂	ISO 1431-1
9	耐水性增重率(%)		≤4	GB/T 1690

2 用于中间填充的填充料(建筑结构胶或环氧砂浆)应满足表 4.2.5-2 的要求。

表 4.2.5-2 建筑结构胶(环氧砂浆)性能参数表

序号	检测项目	指标要求	试验方法标准
1	稠度(mm)	≥80	
2	固化时间(h)	表干 3h,实干 24h	
3	抗压强度(MPa)	≥65	DL/T 5193
4	抗拉强度(MPa)	≥10	GB/T 2567
5	抗折强度(MPa)	≥15	
6	环氧砂浆对混凝土黏结抗拉强度(MPa)	≥2.5	
7	快速老化试验	168h 无明显变化	

4.3 开口钢箱梁制造材料

4.3.1 构成开口钢箱梁节段所用的材料包括钢板、型钢、高强螺栓、圆柱头焊钉、焊接材料和涂装材料。

4.3.2 钢板应符合下列要求:

1 Q345qD、Q370qD 钢板应符合现行《桥梁用结构钢》(GB/T 714)的相关规定;Q345C 钢板应符合现行《低合金高强度结构钢》(GB/T 1591)的相关规定;角钢应符合现行《热轧型钢》(GB/T 706)的相关规定;钢管应符合现行《结构用无缝钢管》(GB/T 8162)的相关规定。

2 Q345qD、Q370qD 钢板按正火或控轧状态交货,对于 Z 向钢板及厚度≥30mm 的钢板,出厂前按现行《厚钢板超声检验方法》(GB/T 2970)逐张进行检查,钢板质量应符合Ⅱ级要求。

3 钢板厚度允许偏差应符合现行《热轧钢板和钢带的尺寸、外形、重量及允许偏差》(GB/T 709)的相关规定。

4 钢材表面质量除应符合《热轧钢材表面质量的一般要求》(GB/T 14977)B类Ⅰ级的相关规定外,尚应符合下列要求:

   1) 当钢材表面有麻点或划痕等缺陷时,其深度不得大于该钢材厚度负允许偏差值的1/2。
   2) 钢材表面锈蚀等级应符合现行《涂装前钢材表面锈蚀等级和除锈等级》(GB 8923)规定的C级或C级以上。

5 钢材应采用色带标识,标识宽度不宜小于50mm。

4.3.3 型钢的质量标准及检验应符合现行《碳素结构钢》(GB/T 700)、《热轧型钢》(GB/T 706)的相关规定。

4.3.4 高强螺栓应符合下列要求:

1 高强度螺栓连接副应符合现行《钢结构用高强度大六角头螺栓》(GB/T 1228)、《钢结构用高强度大六角头螺母》(GB/T 1229)、《钢结构用高强度垫圈》(GB/T 1230)的相关规定。

2 高强度螺栓连接副进场后,应按包装箱上注明的批号、规格分类保管,室内架空存放,堆放不宜超过五层。在保管期内不应任意开箱,防止生锈和沾染污物。

4.3.5 圆柱头焊钉、焊接瓷环质量标准及检验应符合现行《电弧螺柱焊用圆柱头螺钉》(GB/T 10433)的相关规定。

4.3.6 焊接材料应符合下列要求:

焊接材料应选用与母材相匹配的焊丝、焊剂和焊条,焊材选用应符合表4.3.6的要求。

表4.3.6 焊接材料标准

焊接材料名称	焊接材料牌号或型号	标准名称	标准号
焊条	E5015 E5015-G	《非合金钢及细晶粒钢焊条》	GB/T 5117
实心焊丝	ER50-6	《气体保护电弧焊用碳钢、低合金钢焊丝》	GB/T 8110
药芯焊丝	E501T-1 E500T-1 E501T-9L	《非合金钢及细晶粒钢药芯焊丝》	GB/T 10045
埋弧焊丝	H08Mn2E	《埋弧焊用非合金钢及细晶粒钢实心焊丝、药芯焊丝和焊丝-焊剂组合分类要求》	GB/T 5293
埋弧焊剂	SJ101q		
保护焊气体CO_2	—	《焊接用二氧化碳》	HG/T 2537

4.3.7 涂装材料应符合下列要求:

1 应符合现行《公路桥梁钢结构防腐涂装技术条件》(JT/T 722)的相关规定。

2 品种、规格、技术性能指标应符合国家现行相关技术标准的规定。

5 桥面板预制

5.1 一般规定

5.1.1 桥面板预制应符合现行《公路桥涵施工技术规范》(JTG/T F50)的相关规定。

5.1.2 桥面板应依据设计要求分块预制。

5.2 模板

5.2.1 桥面板预制模板宜采用钢模板。模板及支架应通过计算和验算，严格控制模板变形，并具有足够的强度、刚度、稳定性，且接缝平顺，板面平整，转角光滑。

5.2.2 应严格控制桥面板预制模板平面尺寸、底模平整度、底模高程、顶面高程及模板侧向弯曲及轴线。

5.2.3 模板安装后，应对模板的安装质量进行检查，主要包括模板尺寸、模板各处拼缝、预应力管道开孔位置、预留孔洞位置、预埋件预留位置等。

5.2.4 模板变形大于1.5mm时，应及时更换。

5.2.5 应定期对台座进行沉降观测。

5.3 环氧涂层钢筋

5.3.1 环氧涂层钢筋绑扎作业应在胎架上进行，按钢筋绑扎、钢筋骨架运输及钢筋骨架入模三个阶段进行控制，并满足下列要求：

1 胎架上应设置门形定位钢筋、定位槽口等固定钢筋位置，另可设置活动挡板或基准线等措施将钢筋端部对齐。

2 为了保证钢筋骨架在吊装、运输过程中的整体刚度，可适当增加支撑加强钢筋。

3 吊装及运输环氧涂层钢筋骨架时，应采用专用吊架多点吊装，由专用运输车辆运输。

4 预制模板应设置定位槽口，便于环氧涂层钢筋骨架入模。

5 有剪力槽的预制桥面板，环氧涂层钢筋绑扎时宜提前考虑钢筋与剪力钉等连接件的位置关系。

5.3.2 环氧涂层钢筋的涂层保护和修复应符合下列要求：

1 环氧涂层钢筋堆放时，钢筋与地面之间、钢筋与钢筋之间应用方木隔开。钢筋堆放不宜超过5层。

2 环氧涂层钢筋原材料、半成品在储存期间，应采用不透光的黑色布料包裹，以避免环氧涂层因紫外线照射引起涂层的褪色和老化。

3 环氧涂层钢筋应以水平方式搬运和储存，在搬运和吊装过程中严禁用硬器撬动钢筋，也不允许拖、拉、抛、拽钢筋。

4 切断和弯曲环氧涂层钢筋时支撑部位应采用橡胶垫保护。

5 严禁用气割或其他热力方法切断环氧涂层钢筋。

6 环氧涂层钢筋切头的金属裸露部位和损伤部位，应在切断后2h内及时采用涂层修补材料进行修补。

7 环氧涂层钢筋弯曲加工时，环境温度不应低于5℃；弯曲机的芯轴应套尼龙护套，平板面上铺纤维粘垫，避免钢筋与金属物的直接接触和挤压。

8 环氧涂层钢筋绑扎全部采用环氧涂层钢筋专用扎丝，绑扎方式与普通钢筋相同。

9 环氧涂层钢筋的搭接长度应符合设计要求，当无特殊要求时，受拉钢筋不得小于$52.5d$，受压钢筋不得小于$36.75d$（d为钢筋直径）。

10 环氧涂层钢筋焊接连接时，应先将焊接部位的涂层剔除干净；焊接后，应将焊接部分及附近受影响的涂层剔除干净，再按规定对焊接部位及附近受影响的涂层进行涂层修补。

11 环氧涂层钢筋进场时，应配备涂层修补材料。涂层修补材料应采用专业厂家的产品，其性能应与涂层材料兼容、在混凝土中呈惰性。

12 环氧涂层钢筋修补前，应除去受损部位的铁锈。修补时，不宜将修补材料过多地涂在完好的涂层上。修补后，受损部位的涂层厚度应不少于$180\mu m$。

13 吊索宜采用尼龙等柔韧性较好的材料，不宜使用钢丝绳等硬质材料。吊装时宜采用多点起吊，以防止钢筋下垂变形。

5.4 不锈钢材料

5.4.1 运输、装卸及安装过程中应避免锈蚀、污染和机械损伤，避免与普通碳钢或低合金钢接触，避免直接接触氯化物（盐、氯化钙、海水等）。

5.4.2 宜堆放在仓库（仓棚）内，露天堆置时应垫高并加遮盖。

5.4.3 吊装过程中，宜采用吊装带，不得使用钢丝绳，避免与碳钢接触。

5.4.4 安装过程中的钢筋支架、支垫应为不锈钢或其他绝缘材料。

5.5 预埋件

5.5.1 应编制桥面板预埋件图表清单。

5.5.2 预埋件加工和安装精度应满足设计要求。

5.6 混凝土拌制、浇筑及养护

5.6.1 混凝土拌制、浇筑应符合现行《海港工程混凝土结构防腐蚀技术规范》(JTJ 275)和《公路桥涵施工技术规范》(JTG/T F50)的相关规定。

5.6.2 拌制混凝土所用的材料，均应按质量配料，粗、细集料允许质量偏差为±1.5%，其余材料允许质量偏差均为±1%。

5.6.3 混凝土拌制时,先将胶凝材料、高强聚合物纤维及集料干拌,然后加水和外加剂拌和,拌和时间根据试验确定,确保混凝土匀质。一般情况下,海工混凝土拌和时间不少于180s。

5.6.4 混凝土入模温度应控制在5～28℃。

5.6.5 桥面板凿毛采用水冲凿毛,凿毛深度不小于5mm。

5.6.6 每块预制混凝土桥面板的浇筑日期、时间及浇筑条件等均需保有完整的记录,保证混凝土的施工过程具有可追溯性。

5.7 预应力

5.7.1 预应力钢筋下料、波纹管安装、预应力钢束张拉、孔道压浆施工应符合现行《公路桥涵施工技术规范》(JTG/T F50)的相关规定。

5.8 吊装、场内运输及存放

5.8.1 预制桥面板应标明编号、重量、制作日期等,标识在规定醒目的位置。

5.8.2 预制桥面板宜在预制场地内存放一般不少于6个月,所有外露钢筋及金属连接件等应采取防锈措施。

5.8.3 预制板存放台座应根据存放层数进行计算确定基础形式,并满足下列要求:

　　1　支点位置应上下对应布置,误差不大于20mm,且宜设置在吊点附近。

　　2　支撑垫块应平整,并采用石棉板或橡胶皮隔离。

5.9 质量标准

5.9.1 预制桥面板的实测项目、允许偏差和检查方法应符合表5.9.1的要求。

表 5.9.1 预制桥面板的允许误差

实 测 项 目	规定值或允许偏差(mm)	检查方法和频率
板厚(脱模后)	+4.0,0	尺量:2个断面
板长	±4.0	尺量:每件
宽度	±4.0	尺量:测3处
板面对角线相对高差	±5.0	尺量:每件
板底平整度(钢模板)	±1.0	尺量:每10m板长测一处
板的侧向弯曲矢度	<5.0	尺量:每件
箍筋间距	±5.0	尺量:每件
外露钢筋的偏差	厚度方向+3.0,0	尺量:每件
预应力管道中心位置偏差	±4.0	尺量:每件

表 5.9.1(续)

实测项目	规定值或允许偏差(mm)	检查方法和频率
预埋件位置	+5.0	尺量:每处
保护层厚度(mm)	+3.0,0	钢筋位置检测仪检查:每个检查面不少于3点
氯离子扩散系数($\leqslant 10^{-12}\mathrm{m^2/s}$)	$\leqslant 4.0(28d)$, $\leqslant 6.0(56d)$ 或满足设计及规范要求	按规范 JTJ 275 检测

T/CHTS 10017—2019

6 开口钢箱梁制造

6.1 一般规定

6.1.1 钢箱梁制造前应编制详细工艺文件,并进行焊接工艺评定。

6.1.2 钢箱梁制造过程中应综合考虑支撑、吊装位置,必要时进行加强处理。

6.1.3 钢箱梁运输或吊装过程中应做好防护、固定牢固,加强支撑防止变形或倾覆。

6.1.4 钢板进场经辊平后表面预处理应达到 Sa2.5 级,涂装一道 25μm 醇溶性无机硅酸锌车间底漆。

6.2 制造质量控制与检验

6.2.1 零件切割下料、矫正和弯曲、机加工、制孔,底板、隔板单元组装、焊接、矫正应符合港珠澳大桥专用技术标准的相关要求。

6.2.2 腹板单元采用立式倒装工艺组装、焊接,应满足腹板单元的制造精度及焊接质量相关要求。

6.2.3 钢箱梁设计节段、制造节段、安装节段组焊均在一个胎架上进行。安装节段长度应按设计要求预留配切量。

6.2.4 底板定位焊接应对底板单元横向、纵向位置进行检测。底板拼装及焊接检查项目、允许偏差和测量方法应符合表 6.2.4 的要求。

表 6.2.4 底板拼装及焊接检查项目和方法

序号	检查项目		测量内容	允许偏差(mm)	测量方法
1	底板定位	横向位置	在测量塔上测量中心线与底板中心线重合度	±1.0	经纬仪测量
		纵向位置	底板横基线距离	≤1.0	钢盘尺测量
2	底板焊后检查		复测纵、横向定位基准线重合度	≤1.0	经纬仪测量

6.2.5 腹板拼装应对腹板单元横向、纵向位置、竖向线形、横向坡度进行检测。腹板拼装及焊接检查项目、允许偏差和测量方法应符合表 6.2.5 的要求。

表 6.2.5 腹板拼装及焊接检查项目和方法

序号	检查项目		测量内容	允许偏差(mm)	测量方法
1	腹板定位	横向位置	在测量塔上测量中心线与腹板顶面中心线重合度	±1.0	经纬仪测量
		纵向位置	腹板横基线距离	≤1.0	钢盘尺测量
		纵向竖曲线	腹板两端顶面纵向高差	-2,+5	经纬仪测量
		横向坡度	同一断面两侧横向高差	±1.0	经纬仪测量

13

表 6.2.5（续）

序号	检查项目	测量内容	允许偏差（mm）	测量方法
2	腹板焊后检查	复测纵、横向定位基准线重合度	≤1.0	经纬仪测量
		腹板两端顶面纵向高差	−2,+5	经纬仪测量
		同一断面两侧横向高差	±1.0	经纬仪测量

6.2.6 空腹式横隔板组装焊接应对横隔板单元横向位置、纵向位置、隔板间距等进行检测。横隔板拼装及焊接检查项目、允许偏差和测量方法应符合表 6.2.6 的要求。

表 6.2.6 横隔板拼装及焊接检查项目和方法

序号	检查项目	测量内容	允许偏差(mm)	测量方法
1	横向位置	底板纵基线与横隔板竖基线的距离	±1.0	钢盘尺测量
2	纵向位置	底板横基线与横隔板底端的距离	±1.0	钢盘尺测量

6.2.7 以中间制造节段为基准定位两侧制造节段，制造节段尺寸检查项目、允许偏差和测量方法应符合表 6.2.7 的要求。

表 6.2.7 制造节段检查项目及方法

序号	检查项目和测量内容		允许偏差（mm）	示意图	测量方法
1	长度 L		±2.0		以梁段两端检查线为基准，采用钢盘尺测量长度
2	梁高 H	横隔板处	±2.0		钢盘尺测量
		其余处	±4.0		
3	截面尺寸	梁宽 B 梁段拼接口处	±2.0		在梁两端口用钢盘尺测量宽度，但相邻节段宽度匹配≤1.0
		其余处	±6.0		
4	端口横断面对角线差值 $|C_1-C_2|$		≤4.0		钢盘尺测量对角线
5	顶板对角线差值		≤4.0	—	钢盘尺测量对角线
6	顶面横坡		±1.0	—	经纬仪测量

表 6.2.7（续）

序号	检查项目和测量内容	允许偏差(mm)	示意图	测量方法
7	旁弯	≤3.0	—	拉钢丝,经纬仪,用钢板尺测量
8	扭曲	≤1.0/m,且每段不大于10.0	—	以两端隔板处为准,垂球及钢板尺测量
9	四角水平高差	≤5.0	(示意图)	水准仪测量,测点两端横隔板与外腹板交叉处

6.2.8 安装节段的预拼装主要控制安装节段间的匹配性，应对纵基线偏差、相邻接口错边量、长度、焊缝间隙等进行检测，其检查项目、允许偏差及测量方法应符合表 6.2.8 的要求。

表 6.2.8 安装节段预拼装尺寸检查项目及测量方法

序号	检查项目	测量内容	允许偏差(mm)	测量方法
1	预拼装长度	两端底板支点间距；两端端隔板顶面间距	±2.0n/±20 取绝对值较小者*	经纬仪测量
2	纵基线偏差	匹配口处纵基线错位量	≤1.0	钢板尺测量
3	相邻接口错边量	匹配口处全端面	≤2.0	钢板尺测量
4	纵向竖曲线	测量高程控制点	+10,-5	经纬仪测量
5	焊缝间隙	匹配口钢板间隙	±2.0	钢板尺测量

注：*n 为设计节段数量。

6.2.9 圆柱头焊钉施焊及检验应符合以下要求：

1 焊接前应清除焊钉头部及钢板待焊部位大于 2 倍焊钉直径范围内的铁锈、氧化皮、油污、水分等有害物。受潮的瓷环使用前应在 150℃ 的烘箱中烘干 2h。

2 圆柱头焊钉焊完之后，应及时敲掉圆柱头焊钉周围的瓷环进行外观检验。焊钉底角应保证 360° 周边挤出焊脚。每 100 个圆柱头焊钉至少抽一个进行弯曲检验，方法是用锤打击圆柱头焊钉，使焊钉弯曲 30° 时，其焊缝和热影响区没有肉眼可见的裂缝为合格，若不合格则加倍检验。

6.2.10 安装节段的检查项目、允许偏差及测量方法应符合表 6.2.10 的要求。

表 6.2.10 安装节段检查项目及测量方法

序号	检查项目	测量内容	允许偏差(mm)	测量方法
1	长度	安装节段两端	±20.0	经纬仪测量
2	高度	横隔板处梁高	±2.0	钢卷尺
		其余处梁高	±4.0	
3	宽度	相邻节段拼接口处	±2.0	钢盘尺
		其余处	±6.0	

表 6.2.10（续）

序号	检查项目	测量内容	允许偏差(mm)	测量方法
4	旁弯	节段顶板中心连线在平面的偏差	$3+0.1L$，且不大于12.0	用经纬仪、钢板尺测量桥梁中心线处（L 为任意3个预拼装梁段长度，以 m 计）
5	扭曲	以两端隔板处为准	≤1.0/m，且每段不大于10.0	垂球及钢板尺测量
6	四点不平	墩顶梁段底板支座位置处	≤5.0	用水准仪、钢板尺测量
7	桥面横坡	隔板位置高程偏差	±0.1%	用经纬仪测量
8	纵向竖曲线	测量纵向高程控制点	−5.0，+10.0	用经纬仪测量

6.3 防腐涂装

6.3.1 安装节段应采用整体喷砂除锈。

6.3.2 应在除锈后12h以内完成底漆涂装，防止返锈。

6.3.3 每完成一层涂装，应进行相关检验。

6.3.4 宜对剪力钉进行底漆涂装。

6.3.5 钢混组合箱梁出厂前宜进行涂层检查和修复。

6.3.6 防腐涂装质量检查项目及方法应符合表6.3.6的要求。

表 6.3.6 防腐涂装施工要求

部位	涂装体系及用料	技术要求（最低干膜厚度）	检查方法和频率	场地
开口钢箱梁外表面（除顶板结合面）	表面净化处理	无油、干燥	目测	工厂
	二次表面喷砂除锈	Sa2.5级；Rz30～70μm	图谱对照、样板对照板目测：100%；比较样板及粗糙度测试仪：6点/段，取平均值	工厂
	环氧富锌底漆2道	2×50μm	磁性测厚仪：3点测平均值	工厂
	环氧云铁中间漆2道	2×100μm		工厂
	（非自清洁）氟碳面漆2道	2×40μm		工厂
	焊缝修补	同上要求	—	工地

表 6.3.6（续）

部 位	涂装体系及用料	技术要求（最低干膜厚度）	检查方法和频率	场 地
开口钢箱梁上翼缘板顶面	表面喷砂处理	Sa2.5级；Rz30～70μm	图谱对照、样板对照板目测：100%；比较样板及粗糙度测试仪：6点/段，取平均值	工厂
	冷镀锌2道	80～120μm	磁性测厚仪：3点测平均值	工厂
	焊缝修补	机械打磨除锈St3级后涂上述同部位油漆	—	工地
开口钢箱梁内表面（含电缆支架等与开口钢箱梁同时制作的附属件），钢箱梁内除湿系统保持湿度小于50%	二次表面喷砂除锈	Sa2.5级；Rz30～70μm	图谱对照、样板对照板目测：100%；比较样板及粗糙度测试仪：6点/段，取平均值	工厂
	环氧富锌底漆1道	80μm	磁性测厚仪：3点测平均值	工厂
	环氧厚浆漆1道	120μm		工厂
	焊缝修补	机械打磨除锈St3级后涂上述同部位油漆	—	工地

7 组合梁组合

7.1 一般规定

7.1.1 应根据工程特点对现场施工人员进行技术交底。

7.1.2 组合面施工应符合以下要求：

1 组合面Ⅰ应清除钢箱梁顶面、桥面板底部结合区杂物，用清水清洗干净并晾干，方可进行密封橡胶条粘贴和环氧砂浆填充。

2 组合面Ⅱ应清除钢箱梁顶面焊钉、桥面板剪力钉槽区杂物，用清水清洗湿润后，方可进行混凝土浇筑。

3 湿接缝混凝土浇筑前应清除杂物并润湿。

7.1.3 钢混组合箱梁组合前应进行焊缝、涂装外观检查。

7.1.4 组合面混凝土浇筑时应符合以下要求：

1 应选择气温较低时段浇筑混凝土，钢结构与环境温度最大温差不大于5℃。

2 混凝土浇筑入模温度不应超过28℃。

3 混凝土施工阶段的内表温差不宜大于25℃，降温速率不宜大于2℃/d。

7.2 组合梁组合施工

7.2.1 开口钢箱梁安装节段涂装完成后在组合台座上采用4断面8支点设置预拱度。

7.2.2 桥面板安装应符合以下要求：

1 宜采用专用吊具安装。

2 安装前，应按要求对钢板和混凝土组合面进行处理。

3 桥面板安装应在环氧砂浆表干前完成。

4 自梁段中间两支撑断面分别向两边对称安装桥面板。

7.2.3 湿接缝施工应符合下列要求：

1 桥面板安装完成、线形测量合格后方可进行湿接缝施工。

2 预应力孔道应对齐。

3 湿接缝浇筑应设置吊挂模板。

4 湿接缝施工完成后，混凝土强度达到设计强度的85%以上后方可移动组合梁。

5 混凝土浇筑完成后应及时采用环氧砂浆封闭吊装孔。

7.2.4 墩顶负弯矩区内的桥面板暂不组合，宜临时固定于梁端。

7.2.5 组合梁施工检查项目、允许偏差及检查方法应符合表7.2.5的要求。

表 7.2.5 组合梁施工检查项目、允许偏差及检查方法

检查项目			规定值或允许偏差（mm）	检查方法和频率
混凝土湿接缝厚度			±5	用尺量 3 处
顶面高程			±10	用水准仪测量 5 点
轴线偏位			±10	用经纬仪检查纵、横向各 2 点
相邻桥面板间高差			±3	用尺量
橡胶密封条			符合密封条安装技术要求	
剪力钉焊接			符合相关焊接质量标准	
组合梁钢箱	端口尺寸	宽度	±4	钢盘尺：检查两端
		中心高	±2	
		边高	±2	
		横断面对角线差	≤4	
	梁段匹配性	纵桥间中心线偏差	1	钢板尺：每段检查
		底、腹板对接间隙	±3	钢板尺：检查各对接断面
		底、腹板对接错边	1	钢板尺、水准仪：检查各对接断面
	接口焊缝	焊缝外观	施工符合设计及规范要求	查焊接记录
		内部质量		
	梁长		±2	钢盘尺：检查中心及两侧
	梁段桥面板四角偏差		≤4	水准仪：检查四角
	预拼装累加长		20	钢盘尺、弹簧秤、磁座
	扭曲		≤1/m，且≤10/段	以两端隔板处为准，垂球、钢板尺
	预拼装预拱度		+10，−5	底板外侧拉线测量或水准测量胎架顶面高程或水准仪、钢板尺
	预拼装旁弯		3+0.1L，且≤12 设计节段≤5	桥面中心线在平面内的偏差，紧线器、钢丝线、经纬仪、钢板尺
吊点位置	吊点中心距桥梁中心线距离偏差		±1	钢板尺：检查吊点断面
	同一梁段两侧吊点相对高差		±4	水准仪：逐对检查
	相邻梁段吊点中心距偏差		±3	钢板尺：逐个量测
	同一梁段两侧吊点中心连线与桥轴线垂直度误差(′)		±2	经纬仪：每段检查
预留预埋件			5	钢板尺

8 组合梁运输及安装

8.1 组合梁运输

8.1.1 组合梁吊装应采用专用吊具,吊具强度、刚度应满足吊装需要。

8.1.2 组合梁采用两断面支承安放。

8.1.3 组合梁场内外运输应采取可靠的固定措施,并进行稳定性验算。

8.2 组合梁安装

8.2.1 组合梁架设顺序应按设计要求进行。

8.2.2 架设前应按要求设置临时或永久支座的顶升设备等。

8.2.3 架设前应对墩顶支座垫石及锚栓孔进行复测。

8.2.4 架设前在墩顶标识支座中线、临时支撑中线,并标识组合梁中线、支座和支撑中线。

8.2.5 落梁后,应及时测量偏位情况,纵、横向偏差不得超过临时支座可调范围。

8.2.6 永久支座后安装时,临时支撑安装平面中心偏差不大于5mm,高程偏差不大于2mm。

8.2.7 单墩双幅梁架设时,宜在双幅架设完成后进行下一跨主梁的架设。

8.2.8 纵坡梁段架设时,应防止吊索弯折损伤。

8.2.9 支座纵向预偏量应根据环境温度差调整。支座灌浆前,精确定位组合梁,并宜进行支座预装。

8.2.10 组合梁安装检查项目、允许偏差及检查方法应符合表8.2.10的要求。

表8.2.10 组合梁安装检查项目、允许偏差及检查方法

检查项目		规定值或允许偏差(mm)	检查方法和频率
轴线偏位	组合梁中心线	10	经纬仪或全站仪检查
	两孔相邻组合梁中心线相对偏差	5	尺量
梁底高程	墩台处梁底	±10	水准仪检查
	两孔相邻组合梁相对高差	5	
支座安装	支座纵、横线扭转	1	尺量
	支座中心与主梁中心线偏位	2	经纬仪或全站仪与钢板尺,每支座
	支座顺桥向偏位	10	经纬仪或全站仪或拉线检查,每支座
	支座高程	±5	水准仪:每支座
	支座底板四角相对高差	2	水准仪:每支座
线形高程		+10,-5	水准仪检查,每孔3个断面

表 8.2.10（续）

检 查 项 目		规定值或允许偏差(mm)	检查方法和频率
连接	对接焊缝 外观质量	满足设计及规范相应焊缝要求	查焊接记录
	对接焊缝 内部质量		
	高强度螺栓扭矩	±10%	测力扳手检查5%
	栓接面抗滑系数(喷砂)	出厂≥0.55 安装≥0.45	每5个梁段做一批(3组)检查
	防腐涂层	满足设计及规范要求	

9 组合梁体系转换

9.1 一般规定

9.1.1 应根据设计和施工工艺要求进行体系转换。

9.1.2 安装节段间连接采用全焊接工艺。

9.2 配切、焊接及涂装

9.2.1 配切应符合下列要求：

1 应测定组合梁两端永久支座中心与开口钢箱梁梁底永久支座纵向、横向位置的差异，做出基线标记。

2 24h 定时进行温度观测，并同步观测基准线变形规律。建立基准温度与基准线的关系，确定永久支座预偏量。

3 根据桥墩支座以及开口钢箱梁支座的制造误差，确定实际配切余量。在桥位现场进行端头余量配切。

9.2.2 拼装应符合下列要求：

1 焊接前采用临时支座千斤顶调整梁段位置，满足设计及规范要求。

2 安装节段相邻接口处板面错边量不大于1.5mm。

3 宜少用马板定位。切割定位马板时，应沿母材以上2～3mm 处切除，然后将其磨平。

9.2.3 焊接应符合下列要求：

1 焊接前应对接头坡口、焊缝间隙和接口错台等进行检查，并对接头坡口进行除锈。

2 应按设计要求顺序进行施焊。设计无要求时，宜从中间向两侧对称施焊。

3 焊接时应设置防风、防雨设施。箱内焊接时，应设置通风防护安全设施。

4 环缝焊接经检查合格后，应按先对接后角接的顺序焊接板肋嵌补件。

5 焊缝应打磨匀顺。

9.2.4 焊缝检测合格后，方可进行焊缝部位的涂装作业。

9.2.5 焊缝部位及焊缝两侧各20mm 宽范围应进行除锈，并达到设计要求或符合《涂覆涂料前钢材表面处理 表面清洁度的目视评定 第1部分:未涂覆过的钢材表面和全面清除原有涂层后的钢材表面的锈蚀等级和处理等级》(GB/T 8923.1)的相关规定。

9.3 负弯矩区内力调整

9.3.1 根据设计顶升力确定千斤顶型号，千斤顶顶升、落梁宜以20mm 为一级，顶落梁工序应缓慢、安全、有序地进行。

9.3.2 梁体起顶时,支点顶升量与主梁应力进行双控,以顶升量为准,实际顶升量与计算值允许误差为±5%。

9.3.3 组合梁起顶过程中,应确保相邻支点不出现负反力。

9.3.4 组合梁起顶作业应由每联中间墩向两端逐墩对称起顶。

9.3.5 起顶过程中出现下列情况之一时,应停止作业,分析原因,采取相应措施后继续作业:

1 开口钢箱梁应力超限。

2 相邻墩顶支点出现负反力。

3 墩帽混凝土出现裂纹。

4 开口钢箱梁焊缝出现裂纹。

5 起顶支点开口钢箱梁局部变形过大。

9.3.6 起顶后,精调墩顶桥面板,进行混凝土湿接缝浇筑,其混凝土施工应符合本指南第7.2.4条的要求。

9.3.7 墩顶湿接缝混凝土强度及龄期达到设计要求后,按要求进行预应力钢束张拉、压浆。

9.3.8 分步落梁至永久支座,组合梁与永久支座栓接,完成体系转换。

10 组合梁施工监控

10.1 一般规定

10.1.1 桥梁施工监控执行港珠澳大桥专用技术标准的有关要求。

10.1.2 桥梁施工监控应包括控制计算、施工监测、数据分析与反馈控制。

10.1.3 应依据设计文件和施工组织设计进行桥梁施工监控。

10.2 控制计算

10.2.1 控制计算应包括设计符合性计算、施工模拟计算、施工跟踪计算和参数敏感性分析。

10.2.2 组合梁几何状态的控制计算目标数据应包括：

1 成桥时收缩、徐变影响结束时的主梁线形。

2 主梁组合、架设及体系转换等施工过程各阶段线形。

3 预制主梁节段的制造线形。

10.2.3 组合梁受力状态的控制计算目标数据应包括：

1 成桥时及混凝土收缩、徐变影响结束时，组合梁控制截面应力（含开口钢箱梁应力及混凝土桥面板应力）。

2 组合梁组合、架设及体系转换等施工过程各阶段组合梁控制截面应力（含开口钢箱梁应力及混凝土桥面板应力）。

3 体系转换施工过程中的支座顶升力。

10.3 施工监测

10.3.1 桥梁施工监测的几何状态参数包括：

1 开口钢箱梁制造几何尺寸及线形：测量参数为开口钢箱梁的梁高、梁长、梁宽、横断面对角线差、旁弯、横坡以及纵向线形等。

2 组合阶段应对开口钢箱梁的线形进行全过程的跟踪测量，测量的主要工况为：

 1) 开口钢箱梁就位后。

 2) 预拱度设置完成。

 3) 桥面板组合完成。

 4) 组合梁移至存梁台座后。

3 组合梁架设及体系转换阶段测量的主要工况为：

 1) 组合梁架设完成。

2) 梁段焊接完成。

3) 体系转换过程及完成。

4) 全桥附属设施施工完成。

4 组合梁线形监测以控制高程线形为主。

10.3.2 内力状态参数包括：

1 组合梁测试截面的内力。

2 墩身应力。

10.3.3 应监测温度和风速。

10.4 数据分析与反馈控制

10.4.1 数据分析与反馈控制应包括以下内容：

1 识别桥梁结构受力、几何状态。

2 判别桥梁施工状态是否处于预控状态。

3 预测桥梁施工误差对后续施工过程结构受力状态与几何状态的影响。

4 确定是否发出安全预警。

5 判定是否对施工过程预控数据或施工方案实施调整或变更。

10.4.2 数据分析与反馈控制应具备下列数据：

1 材料密度、弹性模量。

2 结构上的临时荷载及其位置。

3 施工过程中已完成结构的应力、索力。

4 结构线形、位移、变形。

10.4.3 桥梁施工过程中，结构受力状态和几何状态的施工监测值与施工过程模拟计算值之间的误差应符合表10.4.3的要求。

表10.4.3 施工监测值与施工过程模拟计算值允许误差

检查项目及内容			允许误差	检查方法
结构应力	混凝土结构应力	应力总量	计算值不大于10MPa时：±30%	弦式传感器或电阻应变式传感器
			计算值大于10MPa时：±20%	弦式传感器或电阻应变式传感器
		应力增量	工况间的应力增量：20%	弦式传感器或电阻应变式传感器
	钢结构应力	应力总量	计算值不大于100MPa时：±20%	弦式传感器或电阻应变式传感器
			计算值大于100MPa时：±10%	弦式传感器或电阻应变式传感器
		应力增量	工况间的应力增量：10%	弦式传感器或电阻应变式传感器

表 10.4.3（续）

检查项目及内容		允许误差	检查方法
高程、高差	开口钢箱梁制造线形（mm）	-5,+10	水准仪
	组合梁轴线偏位（mm）	±10	用经纬仪或全站仪检查
	成桥后组合梁线形（mm）	±20	水准仪

用 词 说 明

1 本指南执行严格程度的用词,采用下列写法:
1) 表示严格,在正常情况下均应这样做的用词,正面词采用"应",反面词采用"不应"或"不得"。
2) 表示允许稍有选择,在条件许可时首先应这样做的用词,正面词采用"宜",反面词采用"不宜"。
3) 表示有选择,在一定条件下可以这样做的用词,采用"可"。
2 引用标准的用语采用下列写法:
1) 在标准条文及其他规定中,当引用的标准为国家标准或行业标准时,应表述为"应符合《××××××》(×××)的有关规定"。
2) 当引用标准中的其他规定时,应表述为"应符合本指南第×章的有关规定""应符合本指南第×.×节的有关规定""应按本指南第×.×.×条的有关规定执行"。